À maman, Sylvia et aussi Marc Veyrat
Matthieu Sylvander

Pour Helena et pour Ulli
Audrey Poussier

© 2008, l'école des loisirs, Paris
Loi numéro 49 956 du 16 juillet 1949 sur les publications
destinées à la jeunesse : novembre 2008
Dépôt légal : mars 2010
Imprimé en France par Mame à Tours
ISBN 978-2-211-09617-1

TARTE À TOUT

Une histoire de Matthieu Sylvander
illustrée par Audrey Poussier

l'école des loisirs
11, rue de Sèvres, Paris 6ᵉ

La semaine dernière, pour l'anniversaire de papa,
mon frère Jojo a voulu lui faire la surprise de préparer le repas tout seul.
Moi, j'ai dit : « Mon idée, ce serait qu'on fasse des frites. »
« Non », a dit Jojo. « On va faire un truc meilleur ! »

Jojo a sorti un tas de choses qu'il a posées sur la table et il a déclaré :

« Je commence ! »

Alors, tout le monde dans la cuisine s'est mis à rire.

C'est alors qu'on a entendu une grosse voix caverneuse, une voix de fond d'égout.

Ça venait de sous l'évier. Jojo a ouvert la porte : c'était la poubelle !
Il la connaît bien, c'est toujours lui qui la vide quand papa n'est pas là.
« Tiens, sors-moi de là-dessous », a dit la poubelle d'un ton rassurant,
« et voyons ce qu'on peut mijoter de bon. Qu'avons-nous ici ? »

« Des poireaux », a répondu Jojo, « des carottes, des navets, des patates, des oignons, du lait, des câpres et de la moutarde. Il y a aussi de la farine, du beurre, trois yaourts à la cerise, de l'huile, du sucre, des œufs, des pommes vertes et du sel. »
« Écoute, je me sens inspirée. On va mitonner un vrai petit festin. »

« Tarte à quoi ? » a demandé Jojo.
« Tarte à tout. Tu mets ce qui reste. »

« Et maintenant ? » a dit Jojo. « J'ai fait trois tas. »
« Trois tas, trois plats. Vas-y, il n'y a plus qu'à tout mélanger et à faire cuire. »

Dans la grande casserole,
Jojo a jeté les poireaux.

« J'épluche les pommes ? »
« Bien sûr que non ! Toutes les vitamines sont dans la peau, voyons ! » s'est exclamée la poubelle.

« Pour le plat suivant,
tu prends le deuxième tas et tu mets à bouillir.
Ensuite, tu ajoutes les œufs et tu écrases bien. »

« Comment est-ce qu'on enlève les coquilles des œufs ? »
« Laisse-les, elles donneront du croustillant », a répondu
la poubelle.

« Et pour la pâte de la tarte,
il faut mettre pas mal d'huile dans la farine,
sinon ça fera trop sec. »

« Vas-y, verse… encore, encore, encore… stop ! »
« Ça déborde », a dit Jojo.
« Ça va sécher », a répondu la poubelle.

« Maintenant, tu étales la pâte, tu garnis et tu mets au four. »
« Je mets le four à combien ? » a demandé Jojo.
« À fond, ça cuira plus vite. »

Et puis, papa est arrivé.

« Je voulais te faire une surprise… » a dit Jojo.
Et il s'est mis à pleurer. Papa a tenté de le consoler en disant que ce n'était pas grave
et qu'on allait quand même goûter au repas.

Moi j'ai dit :
« Mon idée, ce serait plutôt qu'on aille manger des frites au restaurant. »

Papa a dit : « D'accord. Mais, d'abord, on nettoie tout. »
« Bien parlé ! » s'est exclamée la poubelle. « Je n'aurais pas dit mieux. »

Et, ce soir-là, tout le monde s'est régalé.

Vraiment tout le monde !